Annemarie Haufe. **Während Mama weg war…** / Zweisprachiges Erstlesebuch in Deutsch und Russisch. – Berlin: Retorika, 2014. – 32 Seiten.

Russisch von Victoria Viererbe.

Dieses Buch erzählt eine Geschichte über das Mädchen Romina und ihren Kater Mulle in deutscher und russischer Sprache. Die Wortanzahl auf den Seiten, die einfache Satz- und Wortgestaltung sowie die Schriftart und die Größe der Buchstaben sind an Bedürfnisse der Erstleser angepasst. Die wundervollen Illustrationen motivieren zum Lesen, spannende Aufgaben am Ende des Buches fördern die selbstständige Textarbeit. Dieses Buch unterstützt Kinder nicht nur auf dem Weg Lesen zu lernen, sondern hilft ihnen außerdem ihre Sprachkompetenz in beiden Sprachen weiterzuentwickeln.

Аннемари Хауфе. **Пока мамы не было дома…** / Двуязычная книга для начинающих читать самостоятельно на немецком и русском языке. - Берлин: Retorika, 2014. – 32 стр.

Перевод на русский Виктории Фирербе.

Эта книга рассказывает историю о девочке Ромине и её коте Мулле на немецком и русском языке. Небольшое количество текста на странице, простые слова и предложения, а также стиль и размер шрифта рассчитаны специально для детей, начинающих читать самостоятельно. Красочные иллюстрации помогают вызвать у детей интерес к чтению, а задания в конце книги способствуют активизации самостоятельной работы с текстом. Данная книга будет полезна ребенку не только в обучении самостоятельному чтению, но и поможет ему развить языковые способности в обоих языках.

ISBN 978-3-944172-07-1

Gedruckt in: «Zelta Rudens », Riga/Lettland
www.retorika.de

Dieses Buch gehört ....
Эта книга принадлежит.........................

Unterschreibe das Buch. Füge ein Bild von dir ein.
Die Abenteuer mit Romina und Mulle beginnen!

Подпиши книгу. Вклей свой портрет. И вперёд за приключениями вместе с Роминой и Мулле!

Romina ist ein kleines Mädchen. Ihr bester Freund ist Kater Mulle. Er ist zwar faul, aber sehr treu.

Heute hat der Kindergarten zu. Papa ist arbeiten. Mama muss noch einkaufen gehen.

Romina will zu Hause bleiben. Sie fürchtet sich nicht allein zu sein. Romina ist ja kein Angsthase!

Роми́на – э́то де́вочка. Её лу́чший друг – э́то кот Му́лле. Он лени́вый, но о́чень ве́рный!

Сего́дня де́тский сад закры́т. Па́па на рабо́те. Ма́ма должна́ идти́ за поку́пками.

Роми́на хо́чет оста́ться до́ма. Она́ не бои́тся остава́ться одна́. Она́ - не труси́ха!

Mama bringt Romina zum Mittagsschlaf ins Bett. Sie flüstert ihr ins Ohr:

„Ich bin gleich wieder da."

Romina kneift die Augen zu. Sie tut so, als würde sie schlafen.

Mama ist weg! Romina springt aus dem Bett. Zeit, Abenteuer zu erleben!

Ма́ма укла́дывает Роми́ну для послеобе́денного сна в крова́ть. Она́ ше́пчет ей на у́хо:

- Я ско́ро вернусь.

Роми́на закрыва́ет глаза́. Она́ де́лает вид, что спит.

Ма́ма ушла́! Роми́на вска́кивает с крова́ти. Наста́ло вре́мя приключе́ний!

Auf dem Bett kann man prima springen. Höher! Höher! Huch! Mulle fliegt fast bis an die Decke.

Fliegen ist toll. Wie die Seifenblasen! Die fliegen immer hoch in die Luft. Und sie glitzern so schön in der Sonne.

Seifenblasen! Das ist die Idee! Aber wie und woher?

На крова́ти мо́жно отли́чно пры́гать! Вы́ше, ещё вы́ше! Ух, ты, Му́лле долета́ет почти́ до потолка́.

Лета́ть - это здо́рово! Везёт мы́льным пузыря́м. Они́ мо́гут лета́ть высоко́-высоко́ в во́здухе. И они́ так замеча́тельно блестя́т на со́лнце!

Мы́льные пузыри́! Э́то иде́я! Но, как и где их взять?

Mulle ist schon im Bad verschwunden. Er zeigt mit dem Schwanz auf Mamas Shampoo. Gute Idee!

Das duftet auch immer so gut. Die Seifenblasen werden damit groß und schön. Juhu!

Freudig tanzen Mulle und Romina mit den Seifenblasen um die Wette. Sie tanzen bis in den Flur.

Му́лле уже́ исчёз в ва́нной ко́мнате. Он пока́зывает хвосто́м на ма́мин шампу́нь. Отли́чная иде́я!

Он па́хнет так хорошо́. Мы́льные пузыри́ из него́ бу́дут больши́е и замеча́тельные! Ура́!

Роми́на и Му́лле танцу́ют вприпры́жку с мы́льными пузыря́ми. В та́нце они́ выбега́ют в прихо́жую.

Romina hat eine neue Idee: Malen! Und zwar sich selbst und Mulle.

Am besten auf die Wände im Flur. Hier ist mehr Platz als auf den Malblöcken. Diese schenken Oma und Opa Romina immer zu Weihnachten.

An der Wand werden die Bilder riesengroß!

У Роми́ны уже́ появи́лась но́вая иде́я: рисова́ть! А и́менно: себя́ и Му́лле.

Лу́чше всего́ на стене́ прихо́жей. Здесь в не́сколько раз бо́льше ме́ста, чем в блокно́тах. Их ба́бушка и де́душка всегда́ да́рят на Рождество́.

На стене́ карти́ны бу́дут огро́мные!

Was gibt es noch zu entdecken? Die Schlafzimmertür steht offen. Mulle setzt sich auf das Bett.

Da liegt ein Lippenstift. Romina malt ihre Lippen rot an. Sie gibt Mulle einen dicken Kuss.

Bäh! Der Lippenstift ist nass!

„Du hast einen schönen roten Fleck!“, lacht Romina.

Что ещё мо́жно поде́лать? Дверь спа́льни откры́та. Му́лле устра́ивается на крова́ти.

Вот лежи́т губна́я пома́да. Роми́на кра́сит губы кра́сным цве́том. Она́ целу́ет Му́лле кре́пко-кре́пко.

Фу! Губна́я пома́да така́я мо́края!

- У тебя́ тепе́рь кра́сное пятно́! - смеётся Роми́на.

Weiter geht die Entdeckungsreise durch die Wohnung. Über die Treppe bis in die Küche.

Hui, das Geländer ist eine prima Rutsche.

Jetzt merkt Romina: Sie hat Hunger. Wo hat Mama die Süßigkeiten versteckt?

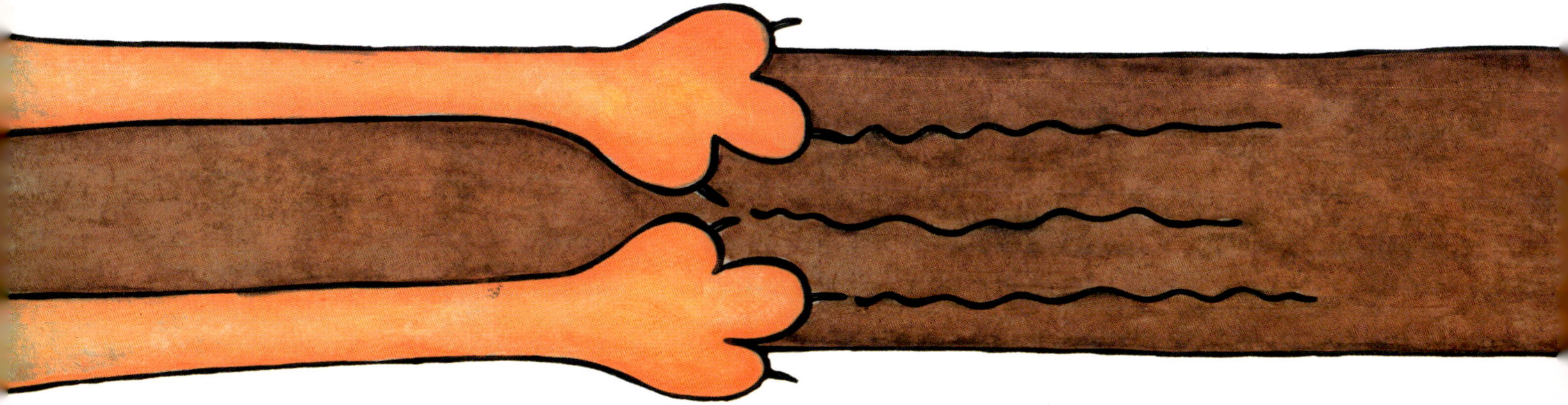

Путешéствие по квартúре продолжáется! Долетéть по лéстнице до кýхни – однó мгновéние.

Перúла – это, окáзывается, отлúчная гóрка!

Тóлько сейчáс Ромúна замечáет, что проголодáлась. Где мáма спрятала слáдости?

Richtig! Oben im großen Küchenschrank. Und der Honig? Der steht im Glas oben auf dem Schrank.

Kein Problem! Mulle klettert hoch und schubst das Glas vom Schrank. Romina fängt es auf. Puh, das Glas ist schwer!

Lecker! Mulle leckt sich das Maul. Romina lacht: „Du hast einen Bart!“

Пра́вильно! В большо́м ку́хонном шкафу́. А мёд? Он стои́т в ба́нке наверху́, на шкафу́.

Нет пробле́м! Му́лле влеза́ет на шкаф и толка́ет ба́нку с мёдом вниз. Роми́на ло́вит её. Ух, ну и тяжёлая!

Ням-ням, вку́сно! Му́лле обли́зывает мо́рду. Роми́на смеётся:

- У тебя́ борода́!

HONIG
MЁД

stickies
stickies
SCHOKORIEGEL
HONIG
2012
KONFIT
KARA
MELLO

Plötzlich dreht sich der Schlüssel im Schlüsselloch. Romina und Mulle sind in ihre Nascherei versunken. Sie merken nichts.

Dann hören die beiden Mamas Schritte im Flur näher kommen. Oje, und jetzt?

Sie sehen überrascht auf. Mulle versteckt sich unter dem Tisch. Langsam öffnet sich die Tür...

В дверно́м замке́ повора́чивается ключ. Но Роми́на и Му́лле так за́няты ла́комством. Они́ снача́ла ничего́ не замеча́ют.

Вдруг они́ слы́шат ма́мины шаги́ в прихо́жей. Шаги́ приближа́ются. Ой, что тепе́рь бу́дет!

Они́ смо́трят друг на дру́га с испу́гом. Му́лле пря́чется под стул. Ме́дленно открыва́ется дверь...

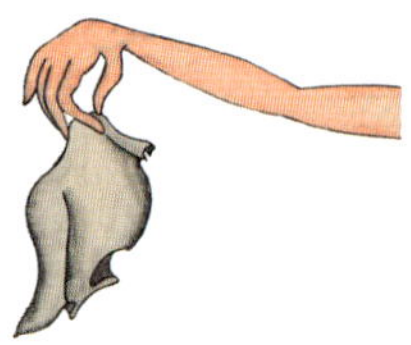

Ein weißes Taschentuch ist zu sehen! Mamas Kopf schiebt sich durch die Tür. Sie lacht:
„Ich ergebe mich vor euch zwei Rabauken!"
Richtig böse sieht Mama nicht aus. Aber Romina und Mulle müssen die Küche aufräumen und das Bad wischen.

Dann wäscht Mama ihre Gesichter. Die sind ganz klebrig vom Honig.

Появля́ется бе́лый носово́й плато́к. Пото́м в дверь просо́вывается ма́мина голова́. Она́ смеётся:
- Я сдаю́сь пе́ред ва́ми - хулига́нами!
Ма́ма совсе́м не зли́тся. Но Роми́на и Му́лле должны́ убра́ть ку́хню и отмы́ть ва́нную ко́мнату.
Зате́м ма́ма мо́ет их ли́ца. Они́ о́чень ли́пкие от мёда.

Und die Bilder im Flur? Dafür will Mama Bilderrahmen kaufen. Die Bilder sind zu schön. Es wäre schade, sie wegzuwischen.

„Eine kleine Erinnerung an eure Abenteuer.“, meint Mama.

Romina hat die beste Mama der Welt! Mama versteht es noch, ein Kind zu sein.

А что с карти́нами в прихо́жей? Для них ма́ма хо́чет купи́ть ра́мки. Рису́нки получи́лись краси́вые. Бы́ло бы жаль стира́ть их.

- Ма́ленькое воспомина́ние о ва́ших приключе́ниях,- говори́т ма́ма.

У Роми́ны са́мая лу́чшая на све́те ма́ма! Ма́ма ещё понима́ет, что тако́е быть ребёнком!

Abends im Bett ist Romina sehr müde. Sie kuschelt sich an Mulle und flüstert:

„Das nächste Abenteuer bestehen wir woanders. Es ist mühsam, Bad und Küche zu putzen. Abenteuer findet man überall. Zum Beispiel auf dem Spielplatz!"

Sie schläft ein. Romina träumt von Seifenblasen und neuen Abenteuern...

Ве́чером в крова́ти Роми́на чу́вствует уста́лость. Она́ прижима́ется к Му́лле и ше́пчет:

- Мы бу́дем иска́ть сле́дующее приключе́ние где-нибу́дь в друго́м ме́сте. Убира́ть ва́нную ко́мнату и ку́хню о́чень тру́дно. Приключе́ния есть повсю́ду. Наприме́р, на де́тской площа́дке!

Роми́на засыпа́ет. Она́ уже́ мечта́ет о мы́льных пузыря́х и но́вых приключе́ниях...

Verbinde die Punkte in der alphabetischen Reihenfolge. Wen siehst du?

(U und V musst du nicht verbinden.)

Соедини точки в алфавитном порядке. Кто это?

(Не соединяй буквы Ц и Ч.)

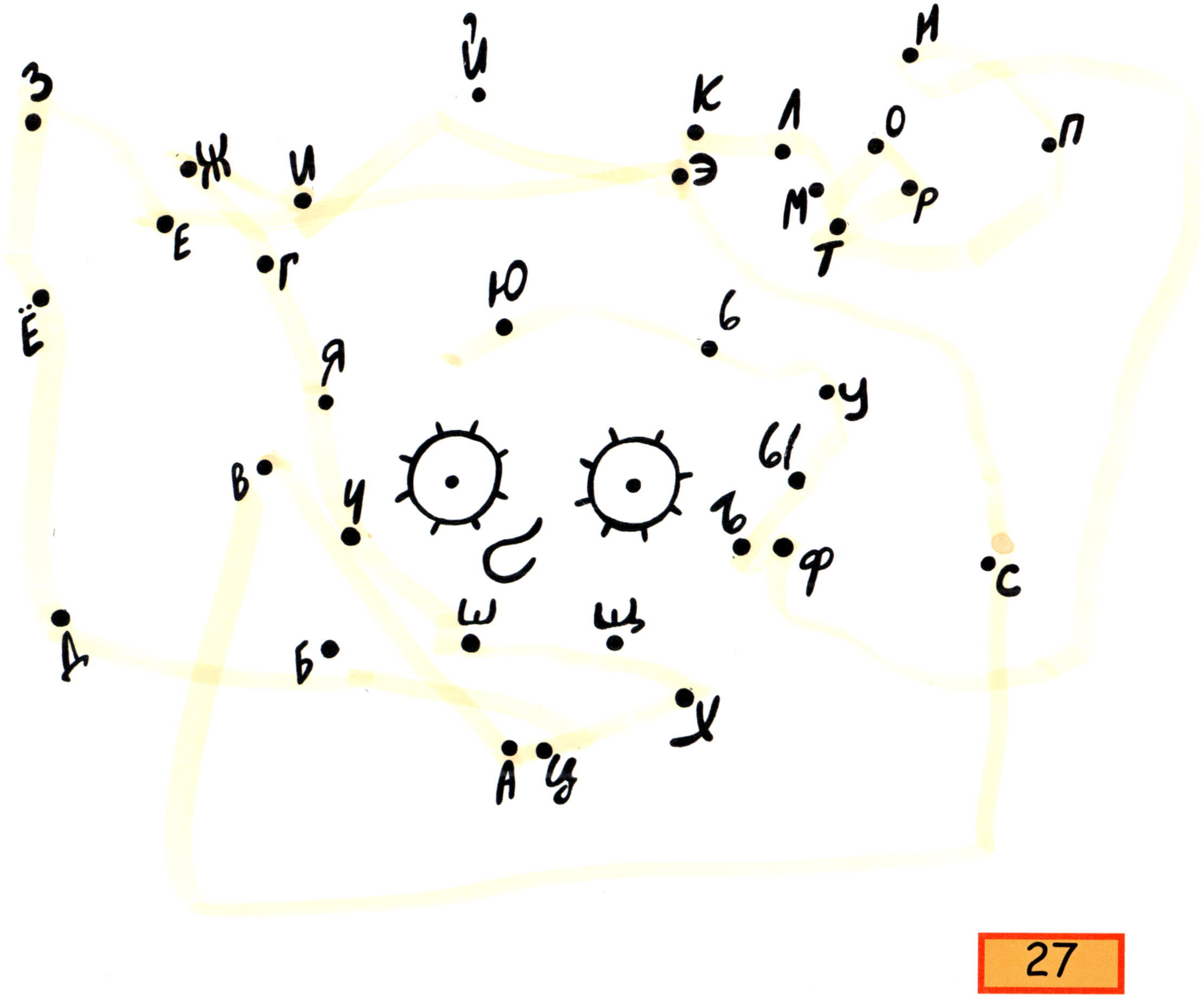

Ergänze die Buchstaben und male die Bilder aus.

Вставь пропущенные буквы и раскрась картинки.

B...LL 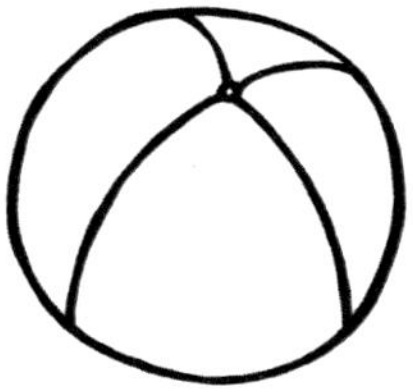 М...Ч

L...FFEL  Л...ЖКА

GL...S 

Б...НКА

SPI...GEL  З...РКАЛО

Vergleiche die Wörter in der russischen und deutschen Sprache. Ergänze die Tabelle.

Сравни слова в русском и немецком языке. Заполни таблицу.

PAPA	ПАПА
MAMA	МАМА
ROMINA	РОМИНА
MULLE	МУЛЛЕ

Deutsch	Русский
P	
	A
	M
I	
L	
	E
U	
O	

Stell ein alphabetisches Verzeichnis für das Buch zusammen.

Buchstabe	Seite	Wörter beginnend mit	Buchstabe	Seite	Wörter beginnend mit
A		Augen	N		
B			O		Oma, Opa
C			P		
D			Q		
E			R		
F			S		
G			T		
H			U		
I			V		
J			W		
K			X		
L			Y		
M			Z		

Составь алфавитный указатель к книге.

Буква	Страница	Слова на букву	Буква	Страница	Слова на букву
А			Р		
Б			С		
В			Т		
Г			У		
Д			Ф		
Е			Х		
Ё			Ц		
Ж			Ч		
З			Ш		Шампунь
И			Щ		
Й			Ъ		
К			Ы		
Л			Ь		
М		Мёд	Э		
Н			Ю		
О			Я		
П					

Was gehört wohin? Verbinde Gegenstände und Zimmer.

Что где находится? Соедини предметы и комнаты.

Küche
Кухня

Bad
Ванная

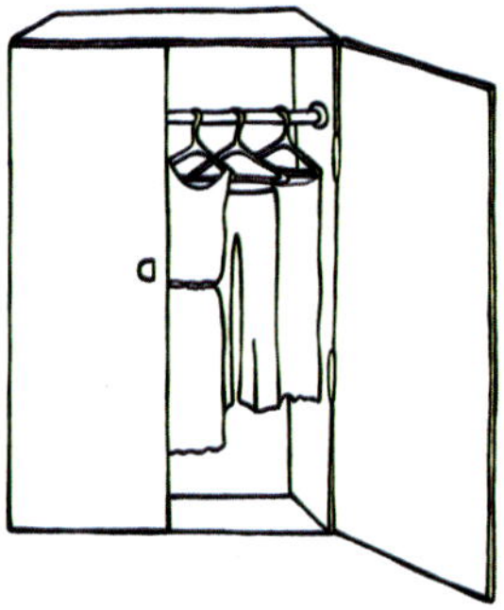

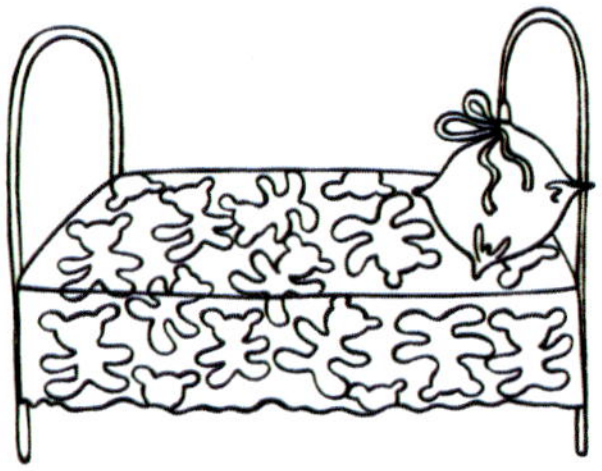

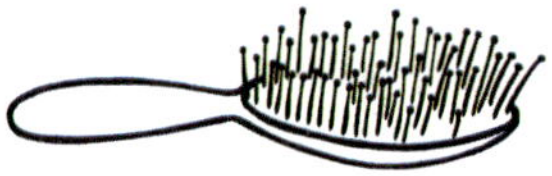

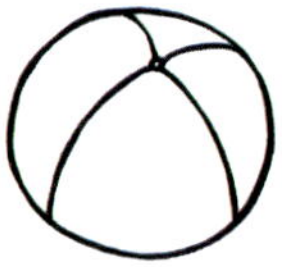

Kinderzimmer
Детская

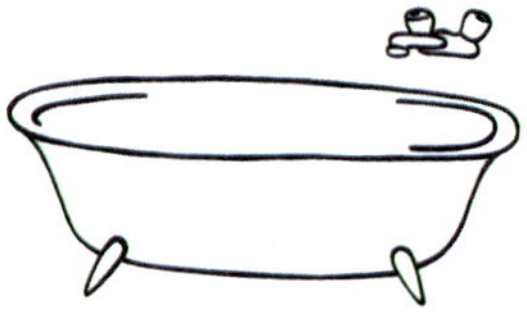

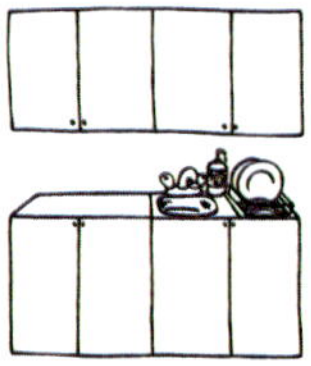

Schlafzimmer
Спальня

Wie heißen die Gegenstände?

Как называются эти предметы?

auf Deutsch

по-русски

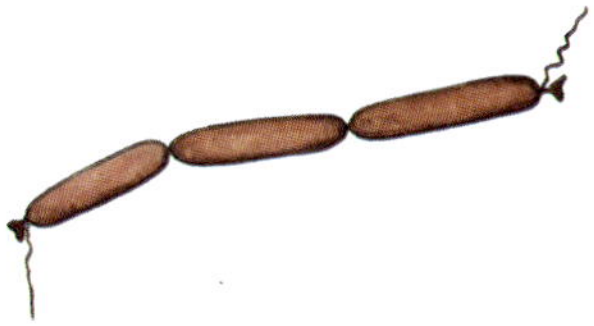

Welches Wort passt nicht? Streiche das Wort durch!

das Haus	das Zimmer	der Flur	das Album

der Honig	das Brot	die Bluse	der Apfel

der Eimer	der Schrank	das Bett	der Tisch

Lösung:

das Haus	das Zimmer	der Flur	~~das Album~~
der Honig	das Brot	~~die Bluse~~	der Apfel
~~der Eimer~~	der Schrank	das Bett	der Tisch

Какое слово лишнее? Вычеркни!

ваза	картина	цветок	машина

кухня	прихожая	магазин	спальня

скакалка	кровать	кукла	мяч

Ключ:

ваза	картина	цветок	~~машина~~
кухня	прихожая	~~магазин~~	спальня
скакалка	~~кровать~~	кукла	мяч

Male das Haus, in dem Romina und Mulle wohnen!

Нарисуй дом, в котором живут Ромина и Мулле!